Pays / Villes :

Période :

ÉTATS-UNIS

AVANT DE PARTIR...

Liste des Préparatifs :

- [ ] Vérifier et scanner les pièces d'identité (passeport/permis...)
- [ ] Faire les vaccins obligatoires
- [ ] Réserver les billets de transport (avion/bus/train....)
- [ ] Réserver les logements du séjour
- [ ] Préparer les cartes de crédit (notamment pour location de voiture)
- [ ] Demander un Visa si nécessaire
- [ ] ....
- [ ] ....
- [ ] ....
- [ ] ....
- [ ] ....
- [ ] ....
- [ ] ....
- [ ] ....
- [ ] ....
- [ ] ....
- [ ] ....
- [ ] ....

Liste des Bagages

VÊTEMENTS

- [ ] T-Shirts
- [ ] Pulls
- [ ] Chemises
- [ ] Shorts
- [ ] Robes
- [ ] Jupes
- [ ] Pantalons
- [ ] Vestes
- [ ] Manteau
- [ ] Sous-vêtements
- [ ] Chaussettes
- [ ] Chaussures
- [ ] Pyjama
- [ ] Vêtements de Pluie

ACCESSOIRES

- [ ] Sacs à dos / Pochette invisible
- [ ] Lunettes de soleil
- [ ] Chapeaux / Casquettes
- [ ] Ceinture

SOINS CORPORELS

- [ ] Savon
- [ ] Shampoing
- [ ] Dentifrice
- [ ] Brosse à dents
- [ ] Brosse à cheveux
- [ ] Déodorant
- [ ] Maquillage
- [ ] Serviettes de bain
- [ ] Rasoirs / épilateur
- [ ] Crème solaire
- [ ] Kit de premiers secours

ELECTRONIQUE

- [ ] Téléphone portable
- [ ] PC portable / tablette
- [ ] Appareil photo
- [ ] Chargeurs / Adaptateurs
- [ ] Batterie externe
- [ ] ....
- [ ] ....
- [ ] ....

★★★ BUCKET LIST ★★★

Lieux que j'aimerais voir :

- [ ] ....
- [ ] ....
- [ ] ....
- [ ] ....
- [ ] ....
- [ ] ....
- [ ] ....
- [ ] ....
- [ ] ....
- [ ] ....
- [ ] ....
- [ ] ....
- [ ] ....
- [ ] ....
- [ ] ....
- [ ] ....
- [ ] ....

Choses que j'aimerais faire :

- [ ] ....
- [ ] ....
- [ ] ....
- [ ] ....
- [ ] ....
- [ ] ....
- [ ] ....
- [ ] ....
- [ ] ....
- [ ] ....
- [ ] ....
- [ ] ....
- [ ] ....
- [ ] ....
- [ ] ....
- [ ] ....
- [ ] ....

Planning Prévisionnel

SEMAINE 1

J1 :

J2 :

J3 :

J4 :

J5 :

J6 :

J7 :

Planning Prévisionnel — SEMAINE 2

J1 :

J2 :

J3 :

J4 :

J5 :

J6 :

J7 :

Planning Prévisionnel

SEMAINE 3

J2 :

J3 :

J4 :

J5 :

J6 :

J7 :

Planning Prévisionnel

SEMAINE 4

J1 :

J2 :

J3 :

J4 :

J5 :

J6 :

J7 :

Planning Prévisionnel

SEMAINE 5

J1 :

J2 :

J3 :

J4 :

J5 :

J6 :

J7 :

Transports prévus :

....
....
....
....
....
....
....
....

Logements réservés :

....
....
....
....
....
....
....
....

 C'est parti .... !

Lieux : .... Date : ....

Notes :

Photos / Souvenirs : .... Date : ....

Lieux :   Date :

Notes :

Photos / Souvenirs: .... Date: ....

Lieux : .... **Date :** ....

Notes : ✏️

Photos / Souvenirs : .... Date : ....

Lieux : .... *Date :* ....

Notes : ✏

Photos / Souvenirs : .... Date : ....

Lieux : .... Date : ....

Notes : ✏

Photos / Souvenirs: .... Date: ....

Lieux: .... Date: ....

Notes:

Photos / Souvenirs: .... Date: ....

Lieux : .... **Date :** ....

Notes : 🖉

Photos / Souvenirs: .... Date: ....

Lieux : .... **Date :** ....

Notes : ✏️

Photos / Souvenirs: .... Date: ....

Lieux : .... **Date :** ....

Notes :

Photos / Souvenirs: .... Date: ....

Lieux : .... **Date :** ....

Notes : ✏️

Photos / Souvenirs: .... Date: ....

Lieux : Date :

Notes :

Photos / Souvenirs : .... Date : ....

Lieux : *Date :*

Notes :

Photos / Souvenirs : .... Date : ....

Lieux : .... **Date :** ....

Notes : ✏ ....

Photos / Souvenirs: .... Date: ....

Lieux : .... *Date :* ....

Notes :

Photos / Souvenirs : .... Date : ....

Lieux: .... *Date:* ....

Notes: ✎ ....

Photos / Souvenirs : .... Date : ....

Lieux : .... Date : ....

Notes : ✏ ....

Photos / Souvenirs: .... Date: ....

Lieux :   Date :

Notes :

Photos / Souvenirs : .... Date : ....

Lieux : .... *Date :* ....

Notes : ✏ ....

Photos / Souvenirs : .... Date : ....

Lieux : .... **Date :** ....

Notes : ✏️

Photos / Souvenirs: .... Date: ....

Lieux :   Date :

Notes :

Photos / Souvenirs: .... Date: ....

Lieux : .... *Date :* ....

Notes : ✏ ....

Photos / Souvenirs: .... Date: ....

Lieux : .... **Date :** ....

Notes : ✏️

Photos / Souvenirs: .... Date: ....

Lieux : .... *Date :* ....

Notes :

Photos / Souvenirs: .... Date: ....

Lieux :   Date :

Notes :

Photos / Souvenirs : .... Date : ....

Lieux: **Date:**

Notes:

Photos / Souvenirs: .... Date: ....

Lieux : .... **Date :** ....

Notes : ✏️

Photos / Souvenirs : .... Date : ....

Lieux : .... **Date :** ....

Notes : ✏️

Photos / Souvenirs : .... Date : ....

Lieux: .... *Date:* ....

Notes: 🖉 ....

Photos / Souvenirs: .... Date: ....

Lieux : .... *Date :* ....

Notes : ✏ ....

Photos / Souvenirs: .... Date: ....

Lieux : .... *Date :* ....

Notes : ✏️

Photos / Souvenirs : .... Date : ....

Lieux : .... **Date :** ....

Notes : ✏ ....

Photos / Souvenirs: .... Date: ....

Lieux : .... **Date :** ....

Notes : ✏️

Photos / Souvenirs: .... Date: ....

Lieux : .... **Date :** ....

Notes : ✏️ ....

Photos / Souvenirs : .... Date : ....

Lieux: .... *Date:* ....

Notes: ✏️ ....

Photos / Souvenirs : .... Date : ....

Lieux : Date :

Notes :

Photos / Souvenirs: .... Date: ....

Lieux : .... **Date :** ....

Notes : ✏️

Photos / Souvenirs : .... Date : ....

Lieux : .... **Date :** ....

Notes : ✎ ....

Photos / Souvenirs : .... Date : ....

Lieux : .... **Date :** ....

Notes : ✏

Photos / Souvenirs: .... Date: ....

Lieux : .... **Date :** ....

Notes : ✏️

Photos / Souvenirs : .... Date : ....

Lieux : .... **Date :** ....

Notes : ✏️

Photos / Souvenirs: .... **Date:** ....

Lieux :   Date :

Notes :

Photos / Souvenirs: .... Date: ....

Lieux : .... *Date :* ....

Notes : ✏ ....

Photos / Souvenirs : .... Date : ....

Lieux : .... **Date :** ....

Notes : ✏ ....

Photos / Souvenirs: .... Date: ....

Lieux : .... **Date :** ....

Notes : ✏️

Photos / Souvenirs : .... Date : ....

Lieux: .... **Date:** ....

Notes: 🖊

Photos / Souvenirs : .... Date : ....

Lieux : .... **Date :** ....

Notes : ✏️ ....

Photos / Souvenirs : .... Date : ....

Lieux : .... *Date :* ....

Notes : ✏

Photos / Souvenirs : .... Date : ....

Lieux : Date :

Notes :

Photos / Souvenirs : .... Date : ....

Lieux : .... *Date :* ....
Notes : ✏ ....

Photos / Souvenirs: .... Date: ....

Lieux : **Date :**

Notes :

Photos / Souvenirs: .... Date: ....

Lieux : **Date :**

Notes : ✏️

Photos / Souvenirs : .... Date : ....

Lieux : .... **Date :** ....

Notes : ✏ ....

Photos / Souvenirs : .... Date : ....

Lieux : .... **Date :** ....
Notes : 🖉

Photos / Souvenirs : .... Date : ....

Lieux : **Date :**

Notes :

Photos / Souvenirs : .... Date : ....

Lieux : .... *Date :* ....
Notes : ✏

Photos / Souvenirs : .... Date : ....

Printed in France by Amazon
Brétigny-sur-Orge, FR